AF599788

FRAGMENTOS DE MÍ

María González León

Aliarediciones

Corrección: Eladia Guerrero
Diseño de cubierta: Mónica Morales
*Imagen generada con IA
Maquetación: Aliar Ediciones

Depósito Legal: GR 1660-2025
ISBN: 979-13-88058-20-2

Impreso en España

Edita
ALIAR Ediciones
www.aliarediciones.es
info@aliarediciones.es

FRAGMENTOS DE MÍ

María González León

Este libro es un viaje lírico a través de las etapas vitales de una mujer que se mira, se rompe y se reconstruye. Poema tras poema, la voz de una niña que creció entre silencios y exigencias sociales se alza para hablar del desamor, del cuerpo como campo de batalla, de los traumas que se heredan sin pedirlos y de la esperanza que sobrevive a todo.

No hay una línea recta ni una estructura rígida: son fragmentos sueltos de una vida en tránsito, escritos desde la honestidad más cruda y la sensibilidad más rotunda. Cada texto es una resistencia, un susurro, un grito.

Inspirado por la poesía confesional y feminista, este manuscrito busca resonar en quien haya sentido alguna vez que su dolor no cabía en ningún verso. Aquí, ese dolor encuentra palabras.

Cuando comenzó todo

Donde todo era juego, risas y fotografías sin fecha. Donde el corazón aún creía que la sangre era promesa.

Orígenes

Uno no elige de dónde viene, ni el apellido, ni la pena. Por suerte o por desgracia, la raíz no se despega.

Pero sí se elige el destino, el camino, la frontera. Y yo, hoy, decido irme de donde vengo, para no volverte a encontrar ni en la sombra ni en la espera.

Porque hay orígenes que pesan, como piedras en la espalda. Y hay futuros que liberan, como alas que no se callan.

Dejando mis cicatrices en el papel

Pluma en mano, como si estuviera en los años 80, papel sobre el escritorio, listo para reflejar todo lo que me ocurre. Respiro profundo antes de explayar lo que mi alma calla y mi mente grita.

Sonrío con inocencia al comenzar esta nueva aventura que me abre al mundo, que muestra quién soy, desde el rincón más escondido de mi soledad y dolor hasta mi gran amor, lleno de luz y diversión.

Un torbellino de ideas desordenadas va tomando forma; las redacto donde la inspiración me alcanza, ella llega en cualquier momento, y yo solo trato de ordenar mis pensamientos.

Recojo mis escritos desde la adolescencia hasta hoy. Me encuentro, me leo, me reconozco. Recuerdo tras recuerdo, caída tras caída... Miro atrás, veo lo que una vez fui y me digo a mí misma:

Jamás pensé lo que dolía escribir

Mil pedacitos de mí

No hay nada como un corazón dañado y una mente que se escapa al pasado para convertir vivencias rotas en versos que sangran arte.

Porque en cada poema que nace hay un recuerdo que arde, una herida que habla, una voz que se reconstruye.

Mil pedacitos de mí sobre el papel. Fragmentos que ya no duelen, pero que todavía escuecen.

Hobbies

No sabéis lo liberador que es entrenar, o tal vez sí.

No sabéis lo liberador que es meditar, o tal vez sí.

No sabéis lo liberador que es escribir, o tal vez sí.

No sabéis lo liberador que es leer, o tal vez sí.

No sabéis lo liberador que es cantar, o tal vez sí.

Lo que no sabéis es todo lo que he probado para poder dejar ir.

Las fotografías que ya no recuerdo

Nunca imaginé que llegaría a extrañar ser un bebé o tener unos cinco años. Tan solo quería jugar, pasarlo bien, comer, ir a cumpleaños, querer a mi familia, etc. Cuando lo único que nos preocupaba era caernos y hacernos daño, o si mamá o papá nos regañaban por alguna travesura.

Extraño esa época en la que no nos faltaba tanta gente de la familia, cuando todos estábamos unidos: salíamos a comer por ahí, íbamos al campo a pasar la tarde, en verano todos a la playa... Pero todo se fue disolviendo; hoy en día es tan solo un recuerdo difuminado o una simple foto de la que ni siquiera nos acordamos.

Y es que, con el tiempo, surgieron los engaños, las traiciones y los prejuicios. Nos fuimos separando, salvo dos o tres que estaban muy unidos. Se formaron bandos.

Todo es una pena.

Ya ni siquiera los conozco.

Ya solo quedan algunos, y cada vez seremos menos, porque así es la vida. Nos veremos en fiestas, bebiendo; y en entierros, llorando por alguno de nosotros al que no supimos valorar en vida.

Y así, la familia se convirtió en eco: ruido que alguna vez nos abrazó.

Oda a la familia

Oh, la familia: aquella que siempre está (o estaba). Aquella que habita en mi nostalgia, la que espero con ansias, la que nunca supe mirar con ojos despiertos.

Oh, la familia que nunca está.

¿Amigo o enemigo?

Cuanto más grande más consciente eres de cómo son las personas... ¿Para qué tener enemigos si siempre has tenido seres queridos?

Hoy soy consciente de cómo siempre me han juzgado; sí, mi familia también. Nunca me di cuenta, ni me importó. Pero siempre fue así, y sigue siéndolo.

Nunca fui suficiente, siempre fui diferente, nunca hacía ni hago nada bien.

¿Era yo o eran ellos?

¿Son lobos o corderos?

¿Solo a mí o a todos?

Más tarde descubrí que simplemente era una niña inocente, rodeada en un mundo de niños de su misma edad, que por nacer mujer lo hacía todo mal al querer ser igual.

Así que hoy soy yo quien les dice: ¿para qué dar más oportunidades si van a juzgarme y etiquetarme?

Así que hoy soy yo quien decide ser libre.

Así que hoy soy yo quien decide alejarse.

Adiós. Nos veremos. (O no).

Siempre yo

Y un día, mirando al techo de su cuarto mientras se perdía entre pensamientos rotos, se dijo a sí misma, con lágrimas en los ojos:

«Sé que no soy perfecta. Ni lo intento. No quiero serlo. Estoy bien siendo quien soy. Y si al mundo no le gusta... me elijo a mí, eternamente. Porque no voy a vivir lamentándome por quienes nunca supieron verme».

Mariposas con cicatrices

Siempre te tuve en un pedestal, y tú, sin saberlo o sin querer, lo rompiste —traición tras traición—.

Aprendí que jamás cambiarías, así que tejí mi coraza con desconfianza, porque si me fallaste tú... ¿quién no lo haría?

Mariposas con cicatrices II. Carta no enviada

Herida

Ya no sé cómo decirte que me duele hasta la forma en que me miras. No sé cómo explicártelo, aunque no debería. Pero hay algo dentro de mí que susurra que debemos hablarlo, aunque yo no pueda.

Cada palabra tuya se clava como daga, y cada vez que todo está bien... lo arruinas. Crees que te perdono, pero no. Nunca lo hago. Y aun así te preguntas por qué estoy fría, por qué soy borde sin razones. Sabiendo la verdad de mis heridas.

Coraza

La vida me obligó a levantar una muralla, porque si tú me fallaste, cualquiera podría.

Me convertí en una persona desconfiada, la que finge que no le importa, la que sonríe mientras se parte por dentro.

Lloré sin motivo, aunque el motivo eras tú. Me aferré al odio, al rencor, al miedo de que te fueras y no volvieras. Pero entendí algo: no mereces mi sufrimiento.

Renacimiento

Prefiero la paz al miedo, la libertad al rencor. Contigo o sin ti. Ya no puedes herirme con tus palabras. He decidido ser libre, como un pájaro que rompe su jaula. Gracias por enseñarme a ser más fuerte.

Me arrepiento... sí. De haber dejado que me hicieras sufrir.

Maldita sociedad

Me enseñaron a ser perfecta. A saber lo que está bien y lo que está mal. Lo que sirve. Lo que no. Lo que debía hacer. Cómo debía actuar.

Todo sin importar cómo me sentía al respecto. Ni si acaso quería...

Nunca me dejaron elegir. No al amor. No a la libertad. Ni siquiera qué parte de mí podía mostrar al mundo.

Mientras el mundo juzgaba y etiquetaba, yo ya había aprendido a ignorar. Así que gracias al rey que me obligó a ser reina pude mandarlo todo a la mierda.

La sociedad me llamó princesa. Pero jamás me preguntó si quería serlo. Porque nunca le importó mi alma, solo el rol que yo debía interpretar.

Las damas me llamaron mala. Pero ninguna se acercó a mi herida. Porque era libre. Porque no agaché la cabeza.

Los lobos me llamaron puta. Pero ninguno se atrevió a tocar a la mujer que desafiaba su mundo. Porque no pudieron domarme. Porque no era suya. Porque nunca lo fui.

Así que sí, te vuelvo a dar las gracias. Porque contigo descubrí lo dura que puede ser la vida... y después de ti ya nada consiguió dolerme, tan solo sorprenderme.

El ser humano

La maldad está presente y parece infinita; basta con mirar las noticias sensacionalistas. Pero si toda esa energía que dedicamos a destruir al otro la reenfocáramos en ayudarlo, podríamos ser verdaderamente maravillosos.

La vida

Para quienes nunca supieron valorarla, la vida no vale nada. Y, aun así, sigue siendo un privilegio.

La vida es jodida, tan jodida que conoce la fecha de caducidad de todo lo que nos da. Y aun sabiendo que nada dura, te lo entrega todo, solo para que veas cómo se te escapa.

Te llena de momentos, de personas, de cosas que amas. Y luego, poco a poco, te lo quita.

Hasta que ya no puedes más, y también te lleva a ti. Dejando atrás un dolor tremendo, clavado en quienes más te quisieron.

Porque así es ella: hermosa y cruel. Un regalo envuelto de nostalgia.

La vida II. Nuestro propio enemigo

Dicen que la vida es una tormenta sin brújula, y que cada uno la enfrenta con el barco que le ha tocado.

Los humildes, madera desgastada, barcos construidos con manos rotas, luchan contra las olas sin mapa ni motor, pero si alguien se hunde, lanzan una cuerda, aunque estén ellos con el agua al cuello.

Los ricos navegan sobre yates flamantes, con copas llenas y competencia vacía. Compiten por ser vistos, no por llegar. Sus tormentas se escapan con dinero, mientras miran hacia otro lado cuando alguien grita.

Y es que en este mar de etiquetas algunos son llamados «fracasados» por sobrevivir, y otros «exitosos» por no sentir.

Pero lo más cruel... es que no siempre es la clase social ni la sociedad quien te hunde.

A veces, el naufragio lo provoca tu propio capitán interior. El que duda, el que se sabotea, el que aprendió a odiarse porque solo le enseñaron a competir, a fingir, a callar, a resistir sin motivo.

La vida nos pone oleaje... pero nosotros mismos somos las corrientes más traicioneras.

La muerte

Lo único seguro que sabemos es que vamos a morir, por duro que suene o por miedo que nos dé.

A veces no se contempla lo suficiente la belleza de lo fugaz: aquello que brilla solo un instante y por eso arde más profundo. Por ende, y aunque a veces no se valore lo suficiente, lo más hermoso de lo volátil es que justamente eso le da valor a la vida.

Si fuésemos eternos, ¿quién aprendería a amar el ahora? Aun siendo efímero, hay quienes viven encadenados a sus propias sombras.

¿Qué sería de la vida sin la muerte, y de la muerte sin la vida?

¿Qué sería la vida sin su final, y qué sería la muerte sin su comienzo?

La vida, amada. La muerte, odiada.

La vida, adorada como un canto; la muerte, temida como un eco.

Lo que acaba reflejando que las personas suelen preferir una dulce mentira a una amarga verdad.

La música

Una melodía que transmite sentimientos es el refugio de muchos corazones con anhelos. A veces solo basta un fragmento para erizar la piel y abrazar lo vivido. Porque entre la tristeza y la felicidad, la música se convierte en mi mejor acompañante al recordar. No solo lo malo ni lo bueno: también nos permite crear momentos.

Todos tenemos una canción que nos empodera, otra que nos quebranta y algunas con nombre y apellido. Así que, gracias —gracias a los cantantes y compositores que nos acompañan en lo vivido—.

Embarazada

Llega un punto inflexible en la vida de una mujer —y también de un hombre, pero sobre todo de una mujer— en el que la pregunta principal es: ¿Para cuándo el bebé?

Se puede ver con ilusión si naciste con ese don... Se puede ver con miedo si no es lo que quiero... Se puede ver como imposición si te lo demanda el resto...

Da igual tu posición, porque la sociedad te lo repetirá de nuevo. Da igual si no quieres, da igual si no puedes —nadie te preguntará por ello—.

Solo se da por hecho que todo el mundo debe hacerlo. Como si fuera mandato. Como si fuera relato.

¿Acaso he dicho yo que lo quiero?

Embarazada II. Maternidad

No creáis que siempre lo pensé. Es normal que lo resalte, porque no todo el mundo está de acuerdo. Y está bien. Está bien no quererlo. Está bien no soñarlo.

Me da igual lo que la sociedad dicte y lo que el reloj biológico susurre.

No me malinterpreten: adoro a los niños. Educarlos es una odisea, y por ellos soy maestra. Pero ¿alguien me ha preguntado por qué huyo de la realeza?

Ser madre es demasiado arduo. Llámenme egoísta si quieren, pero el recién nacido de por vida se queda.

Da igual que lo hagas lo mejor que puedas, algún trauma se le queda. Da igual cómo lo eduques, puede que jamás se luzca. Y en un mundo de guerras, donde la vida ni se aprecia, no sé si quiero que crezca.

Pero ¿a qué precio?

El cuerpo se transforma, se estira, se rompe, se sangra. El parto es dolor, es grito, es desgarro. Y después, el miedo constante de que algo le pase, de que se caiga, se enferme, de que el mundo le haga daño. Porque si le ocurre algo, yo me mato. Y eso si no me muero en el intento.

No hay descanso. No hay vuelta atrás. La vida cambia, el cuerpo cambia, la mente cambia. Algo tan hermoso sale de nosotros. Por increíble que parezca, no sé si merece la pena.

Hablo desde la ignorancia de no ser madre y no querer serlo. Puede que dentro de unos años no esté diciendo esto. Pero me arriesgo, porque es de sabios rectificar a tiempo.

No quiero que me definan por lo que no deseo. No quiero que me llamen incompleta por no tener un hijo en brazos. No quiero que me miren con pena por no cumplir con el guion. Quiero que se entienda que la maternidad no es destino, es elección.

Embarazada III. La otra cara de la moneda

Igual que digo lo malo y mis miedos, os digo lo bueno. Pues no seré yo quien decida lo correcto.

Imaginen que alguien te admire tanto como para verte como ejemplo. Como yo vi a mi madre, firme y valiente, con tres hijos y un corazón ardiente.

Ella fue invierno, fue fuego, fue paz, y por ella temo no estar a la altura jamás.

Un bebé con mis gestos, mis manías, mis risas que estallan sin melodías, mis silencios que gritan sin voz, mi caos en miniatura, mi reflejo feroz.

No debe haber nada más puro, más cierto, que crear vida en un cuerpo abierto. Sentir cómo te habita, cómo te transforma, cómo el amor sin medida te reforma.

Aunque duela. Aunque el cuerpo se rompa. Aunque el parto sea grito, fuego y desgarro, y el miedo te acompañe de antemano.

Ser madre no es fácil, pero tampoco es frágil. Es entrega, es legado, es mirar sin temor y ver en sus ojos tu mejor versión.

Y aunque no sé si quiero serlo, sé que podría hacerlo. Sé que lo haría bien, sin condición, sé que lo haría con el alma y el corazón.

Porque la maternidad no es condena ni prisión, es una elección, una revolución. Y si algún día decido dar ese paso, será con amor, sin freno, sin retraso.

Aunque quizás el mundo no esté preparado para dos como yo. Y eso, también, es amor.

Las voces de las mujeres

Hoy vengo a romperme en mil pedazos delante de ustedes, para mostrar lo que otras callan.

Porque entre los escombros de mi alma todavía arde el fuego que ellas apagaron por miedo.

Porque mi herida no pide compasión, sino que se convierte en eco del grito que nunca se escuchó.

Porque el silencio nos fue impuesto como si hablar fuera pecado, como si ser mujer fuera condena.

Porque yo también fui carnada de inútiles en discotecas, como si mi cuerpo les perteneciera.

Porque yo también fui una niña herida de por vida.

Porque si no soy yo, eres tú, o lo será ella.

Hoy hablo por mí. Por las que fueron juzgadas, por las que fueron tomadas, por las que fueron olvidadas e ignoradas, y sobre todo... por las que fueron quemadas.

Veamos el mundo arder.

Querido diario

A veces descubrimos cosas que nos destruyen por dentro, pero créeme: es mejor saber la verdad que vivir engañados.

Una noche oscura

Aquella noche, que prometía ser un escape de frustraciones y diversión, se convirtió en un capítulo sombrío, lleno de inseguridades que no eran nuestras... pero de miedos que sí lo eran.

Dos adolescentes solitarias, envueltas en el frío de la madrugada, como si la vida se hubiese transformado en una película de terror, eran perseguidas por quienes se hacen llamar «hombres».

El caminar parecía eterno. Nadie intervenía. Lo que simulaba ser un juego inofensivo era en realidad una cacería.

Podíamos oler el alcohol desde lejos, escuchar sus risas rotas por obscenidades, mientras trataban de demostrar hombría frente a niñas que podrían haber sido sus hijas. Pero no lo eran... ¿O sí?

Quién sabe qué esconden sus alcobas. Quién sabe qué han tenido que aguantar otras. Quién sabe lo que todas gritan en silencio...

Llega el momento en que el reloj se detiene, el camino se convierte en un laberinto sin salida. Y entonces, esperas.

Esperas que pase. Que se acabe. Que alguien aparezca. Esperas reunir fuerza para alzar la voz. Que se cansen. Que no te conviertas en un mal día en la prensa local. Que no seas un número más. Que tu madre no tenga que verlo. Que sea solo un sueño.

Y así te quedas, esperando lo que pueda pasar.

Miedo

Con el corazón desbocado las palabras se me mezclan, los números se me enredan, las manos me tiemblan y la voz se me quiebra.

Depresión

Hoy es un mal día. De esos en los que la vida parece un acertijo sin respuesta. Solo me pregunto si realmente merece la pena seguir...

No tengo nada que perder, o eso creo. Pero entonces miro, y descubro que no es lo material, sino lo personal. No es el qué, sino el quién.

Sigo. No por mí. Sino por ellos.

Una noche oscura II. Mi amiga

Todo pasa demasiado rápido hasta que conectas las miradas con tu amiga y ves el miedo reflejado en sus ojos, miedo que grita desde tu alma.

Porque los ojos nunca mienten.

Entonces te plantas. Cierras los puños. Tu mirada arde. Joder, si arde.

Hoy nos ha tocado a nosotras. Ayer fueron otras. Mañana seguirá ocurriendo.

Y en ese instante, la injusticia te revela la verdad: el mundo fuera de casa es violento. Y a veces incluso lo que llamamos hogar... es peor.

Y ahí nace la necesidad.

La necesidad de cambiar. De transformar la actitud, la sociedad, la educación.

Transformar para poder luchar. Transformar para poder resistir. Transformar para poder mejorar. Porque no importa lo que hagas: siempre será tu culpa y eso tiene que cambiar.

¡Hoguera de papel

Hoy tomo la pluma para gritar a los cuatro vientos lo que la sociedad calla, pero promulga.

Hoy escribo sobre el papel, para arder y hacer arder; para que las llamas de mis palabras lleguen allí donde el silencio ha sido impuesto. Porque estamos cansadas de mirar cómo nos apagan y cómo nos piden que seamos ceniza.

Hoy decido no borrar para dejar que cada línea encienda una chispa en quien lee, para que mis pensamientos y emociones no sean solo míos, sino nuestros, compartidos, comprendidos, encendidos.

Hoy decido publicar este libro para demostrar que las mujeres no solo sabemos arder con pasión o dolor, sino que también sabemos quemar con verdad, con justicia, con voz.

Cosas que me quedan por decir

Hay palabras que no caben en una conversación. Verdades que no se gritan, pero tampoco se callan. Hay heridas que no sangran, pero duelen más que cualquier corte. Y hay recuerdos que no se olvidan, aunque el cuerpo los haya sobrevivido.

Este capítulo no busca consuelo. No busca venganza. No busca comprensión.

Solo busca decir. Decir lo que tantas veces se quedó en la garganta. Decir lo que no se ve, pero se siente. Decir lo que aún arde, aunque ya no queme.

Maltrato

El peor maltrato es el que no deja huella. Ni morado, ni cicatriz, ni costilla rota.

Solo queda el eco de lo que no se puede probar. Y eso... eso duele más.

Porque si ya es arduo demostrar el golpe, imagina demostrar el silencio. La palabra que hiere sin alzarse. La mirada que juzga sin moverse. La ausencia como castigo. El cariño que se niega.

¿Dónde está la evidencia del daño que se insinúa, que se esconde tras una sonrisa?

Porque a veces el cuerpo no grita. Pero el alma no para de llorar.

Golpes

No hacen falta los golpes para sentir el puño sobre mi mandíbula.

No hace falta que me toques para que tus nudillos marquen mi alma.

Tu violencia no necesita contacto: solo palabras afiladas, miradas como cuchillas, silencios que pesan como puños.

Reina de corazones

No soy como el rey, no soy como tú. No quiero ser sombra, no quiero ser cruz. No repito errores, no guardo rencores, no miento, no hiero, no vivo en temores.

Me niego a que digan que me parezco a ti, solo porque hoy llevo una corona en mí. Tú del hielo, yo del calor, como polos opuestos que nublan la razón.

Jamás fui princesa, ni quise ese rol. Hoy alzo mi corona con firme control. Si elijo marcharme, será por amor, porque no nací reina para sufrir dolor.

Si alguna vez dudaste de lo que puedo sentir, te aseguro que mi reino no se construyó por ti.

Soy fuego que no quema, soy paz que desafía, soy mujer que se elige día tras día. Y si el mundo me compara con tu forma de reinar, les diré que mi corona no sabe gobernar para dañar.

Porque yo no hiero, yo no castigo, yo no destruyo lo que bendigo. Soy reina de corazones, y mi ley es resistir. Me niego a sufrir, me niego a herir.

No es amor

Que te griten, que te regañen, que te culpen, que te digan cómo vivir, que te juzguen, que te insulten, que te peguen...

No es amor.

Es control. Es miedo. Es violencia disfrazada de cariño. Es una cárcel con flores en la ventana.

Solo te pido que lo leas si algún día lo necesitas. Cuando dudes. Cuando te culpes.

No es amor y hoy te lo recuerdo. Así que huye.

Desahucio

Sin reproches, sin venganzas, hoy dejo la casa.

Me llevo lo que es mío, lo que aún me pertenece.

No busco castigos ni explicaciones. Solo quiero hallar la paz en cualquier lugar donde tú no hayas vivido.

Porque hay espacios que se llenan de heridas, y paredes que guardan lo que ya no quiero recordar.

El eco de lo que fui

Después de todo lo roto, de la daga en el pecho y las noches calladas, vuelve el temblor.

No es que ya no duela —es que por primera vez dejo que duela bonito—.

Ahora me permito sentir, aunque me asuste. Aunque el amor me confunda, aunque la mirada me queme.

Esta etapa no es perfecta, pero es mía. Porque soy nueva. Porque aun con cicatrices he decidido amar.

No se me ocurre mejor manera de volver a empezar que abriéndome paso entre las heridas que comienzan a cicatrizar, como nenúfar que se abre en el pantano de lo vivido.

Y de las cenizas resurjo, como ave fénix testaruda que no pide permiso para volver a arder.

Y esta vez no me escondo. Esta vez, me quedo.

Frágil

¿Quién te iba a decir, cuando apenas eras un crío de medio metro, que la vida sería así? Nadie nos enseña cómo enfrentar el dolor. Por eso tomamos decisiones equivocadas, aunque quizás eran necesarias para convertirnos en quien somos hoy.

Decimos que la vida es dura, pero de niños no lo parecía. Solo importaba reír, correr y jugar, aunque algunos ya conocían el frío de la ausencia, del maltrato, del cariño que nunca llegó.

La vida no es difícil: es nacer, crecer, amar, caer, levantarse y morir. Somos nosotros quienes la hacemos dolorosa, rompiéndonos unos a otros, como cristales. Incluso cuando morimos le hacemos daño a las personas que más queremos...

Por eso creo que nacemos frágiles, tanto física como mentalmente. Somos capaces de rompernos unos a otros, pero, a diferencia del cristal, eso nos hace más fuertes.

El paradigma del tiempo

El tiempo nos confronta. No por su fugacidad, sino por la consciencia terrible de que se termina.

Y aun sabiendo su finitud, seguimos aplazando el gozo, obsesionados con detalles que en el calendario de la vida no pesan nada.

Por miedo al futuro le damos forma a lo intangible, inventamos respuestas celestiales para ese vacío que nadie ha logrado llenar.

Queremos certezas, pero el tiempo no las ofrece. Solo el presente se nos entrega, dócil y feroz a la vez, pero lo rechazamos por temor a sentirlo completo.

Abrir los ojos

Entonces, en ese preciso instante, me di cuenta: no hay nada como un corazón hecho trizas y una mente que solo desea escapar hacia el pasado para empezar a convertir las ruinas en arte.

Conectados por el caos

Con los ojos panda, por la mezcla de rímel y lágrimas, con el corazón hecho trizas y la mirada fija en un punto —perdida en pensamientos oscuros— ella estaba ahí, exponiendo su fragilidad sin saberlo.

Desde el banco de enfrente, él no podía dejar de mirarla. La encontraba hermosa así, con sus imperfecciones, así, rota, pero a punto de resurgir como un ave fénix testaruda, dispuesta a gritarle al mundo sus temores y sus verdades.

Ella levantó la mirada y, en un instante, se conectaron. No fueron sus ojos, fueron sus heridas.

Desde ese momento, se veía claro: eran dos caos predestinados a calmarse el uno al otro.

Pequeña princesa

Todo el mundo esperaba que ella, una hermosa princesa, se casase con un apuesto príncipe.

Lo que nadie sabía es que no confiaba en los príncipes... porque había sido un rey quien la encerró en un castillo.

La dragona que no quiso amar

—Me gustas —le dijo él, clavándole los ojos como si el alma fuera fácil de conquistar.

Ella bajó la mirada y sonrió con tristeza.

—Y tú a mí —susurró—. Pero no puedo estar contigo.

Él frunció el ceño, como si le hubiesen quitado el aire. Solo alcanzó a balbucear un «¿Qué?» quebrado. Entonces ella soltó la flecha que le llegó directa al corazón:

—No quiero una historia con alguien que colecciona mujeres como trofeos. No me basta con que ahora digas que has cambiado. Los sentimientos deberían pesar más que tu ego. Esto no es un cuento de hadas. Tú no eres un caballero. Y yo... yo sería la dragona que arrasa castillos mientras rescatas y destruyes a otras damiselas.

Rio sola, con una amargura elegante, y continuó:

—No confío en ti. No quiero hacerlo. No quiero intentarlo.

Se miraron por última vez. No hubo más palabras: solo una certeza silenciosa. La amistad que había florecido a escondidas murió sin un cierre ceremonial. Cupido falló de nuevo. Esta vez ni siquiera hubo armadura que resistiera. Él quedó sin espada, sin cuento, sin princesa. Ella... ella solo quería mantenerse intacta. Había aprendido que amar era permitir ser herida. Y esta vez decidió no sangrar.

La voz del príncipe

Respeté su dolor, su decisión. Y al hacerlo, sentí lo que otra sintió.

Llamadlo karma, llamadlo mala suerte, llamadlo injusto.

Pero ahora sé que no falló Cupido. Fallé yo, por pensar que sería como siempre, cuando ella era diferente.

Rota

Quizás estoy rota por dentro, pero no busco que nadie me pegue con promesas hechas de pegamento.

Y aquí sigo, sin motivos para llamarte, sin razones para volver a verte. Pero después de algunas copas... vuelves. Como recuerdo que no cesa, como tormenta que no encuentra paz.

Anclada al pasado, sin volar al futuro, porque no me sueltas.

Pero sin apego, sin raíz, no hay nosotros que florezca.

Como si esto fuera un combate, en pleno *ring*, tiro la toalla. Porque ya no me sirven tus golpes, ni deseo tus batallas. No fue una gran pelea, ni yo una pequeña luchadora. Solo fue una carga que hoy suelto con elegancia.

Confianza

¿Cómo pueden pedirme amar si ni siquiera sé confiar?

Lo siento. Siento tener que ser tan directa contigo, pero no creo en las palabras —solo en los hechos—.

No creo en las mentiras a las que ya me acostumbraron. No creo en las personas que cambian de la noche a la mañana. No creo que lo nuestro funcione.

No es por ti. Es por lo que me hicieron. No eres tú. No soy yo. Es el pasado.

No quiero empezar algo que no sabría cómo continuar. No quiero sufrir ni hacerte sufrir a ti.

Lo siento. No me enseñaron a querer, y me acostumbré a desconfiar.

Pero si algún día recupero la fe en mí, volveré a por ti.

Porque si hay algo que tengo claro es que primero tengo que reconstruirme a mí para poder abrirme... y amar.

Problemas

Cuanto más siento, menos deseo sentir. Cuanto más cerca estás, más quiero escapar.

Me adelanto a la tormenta antes de que el cielo se nuble. Temo que la calma me enamore y por eso me quedo en la niebla. Así, me autosaboteo para no vivir un tormento.

Busco tus fallos como excusa. Tú no tienes la culpa. Soy yo. Yo, que no sé cómo quererme para poder amarte.

Confianza II. Lo intentaré

Tengo miedo. Me tiembla hasta la voz. No sé si saltar o huir, pero estoy dispuesta a sentir.

No prometo que sea fácil. No prometo que no haya problemas. No prometo que te confiese lo que siento. No prometo que no huya. No prometo que no me autosabotee...

Lo único que estoy dispuesta a demostrar —NO a prometer— es que quiero AMAR.

Porque amar, quizás, es el acto más valiente para quien ha olvidado cómo confiar.

Confianza III. Lo que necesitaba escuchar

He decidido quedarme. No son solo palabras. Te lo demostraré cada día, aunque no entienda del todo tus heridas.

Estoy aquí para escucharte, para acompañarte en tu proceso de sanar. No busco cambiarte, ni mucho menos salvarte.

No puedo prometer certezas, ni saber qué hacer cuando quieras huir. Solo puedo demostrarte que siempre estaré aquí, porque hoy te elijo a ti.

Porque amar es atreverse, y hoy, contigo, me atrevo. Porque yo soy valiente, aunque quizá tú lo seas más... pero yo también decido amar.

El fuego de la pasión y la perdición

No sé si aprendí a amar. No sé si volví a confiar del todo. Pero aprendí a no huir. Aprendí a quedarme. Aprendí a mirar mis heridas sin apartar la vista.

Y ahora, por fin, ya no busco que otro me salve. Me abrazo yo.

Porque estuve rota, quemada, silenciosa, y aun así florecí como una prímula en pleno invierno.

Este no es el final. Es solo el momento en el que me vuelvo a elegir, sin miedo. Sin condiciones. Sin etiquetas.

Silencio que arde

Nos miramos como quien se atreve a caer sin red.

Los ojos bajaron hasta los labios, pero ninguno dio el primer paso.

El silencio habló. Y nos acercamos como si las almas se reconocieran antes que los cuerpos.

Los labios se rozan. La respiración se entrelaza. Todo lo demás desaparece.

El deseo nos guía. Las manos buscan, la piel responde, y el mundo deja de existir porque el momento nos ha elegido.

Un gemido es el eco del encuentro. La pasión nos trenza, el ritmo nos consume y el fin se convierte en principio.

Después, el suspiro. La quietud. La ternura que queda cuando el fuego se calma en dos almas ya entrelazadas.

El mar

No hay nada como perderse en ese azul profundo que reluce al sol.

No sé si hablo del mar, porque no puedo dejar de mirar...

Escucho tus cantos de sirena, una atracción fatal que me envuelve.

No sé si eres sirena, porque no puedo dejar de escuchar...

Mientras el deseo inunda mis entrañas, te observo como carnada que me llama.

No sé si es deseo o algo más, porque no puedo dejar de pensar...

Tus labios me descontrolan, aunque besen otra boca.

No sé si eres mar, sirena o luz. Lo que sí sé es que, como marinero, mi rumbo lo marcas tú.

Ángel y demonio

Es impresionante que tengas la capacidad de hacerme volar y tocar el fuego del infierno al mismo tiempo.

El lobo no tan feroz

En los cuentos siempre hay un villano. Pero ¿qué ocurre si solo fue alguien que amó demasiado?...

Yo era el que miraba desde las sombras mientras ella brillaba. El que temblaba de amor aunque todos juraban que temblaba de hambre.

No me escondía, me negaba a huir. Creí que si me quedaba quizás me vería aquí.

Ella me habló. Me tocó. Me miró con la ternura de quien sabe matar suavemente. Y yo, ingenuo, bajé el instinto y abrí el pecho.

«Ven, lobo, no quiero temerte...», me dijo, y yo le creí. Porque hasta los condenados creen cuando aman.

Pero mientras yo soñaba ella tejía otro final con el que siempre ganar.

Nadie me preguntó, cuando la que contó la historia siempre fuiste tú. Pues, asumiendo el rol que me tocó, siempre seré el malo... aunque Caperucita me devoró primero...

Embrujo

Todo parecía un encantamiento, o quizás un lugar mágico que ponía todo al revés. Se pensaba que hasta la moneda caería hacia el cielo si se dejaba ir. Pero no —cayó al suelo—.

Nada era normal. Ni el amor. Ni las palabras. Ni esa historia que empezó como promesa y terminó encantada.

Las frases dulces eran veneno, las apariencias... máscaras doradas. El «amor de la vida» no era más que una ilusión bien hablada.

Y ese «maleante» juzgado sin conocer resultó ser paz en carne y hueso. Quien menos dijo «te quiero» fue quien más amó.

Quien más regaló halagos fue quien más rompió.

Qué fácil es caer bajo el embrujo de una mentira vestida de promesa. Y qué injusto es temblar ante el murmullo de una química que sí fue certeza.

Ni el miedo ni los prejuicios deberían dictar el destino. Porque ni el bueno es tan bueno ni el malo es tan malo.

A veces, quien parece menos es quien más ama.

Obsesión

Aquel día que te vi, no imaginé lo que llegarías a ser en mí.

Sin esperarlo, sin siquiera ser real, ya no te he podido cambiar.

Me pierdo en tus curvas, en tu mirada, me dejo llevar... irracional.

¿Cómo convertirte en carne y presencia? Me has creado una necesidad perpetua.

Perfecta dentro, perfecta fuera, pones en juego mi sexualidad entera.

No me importaría perderlo todo si el desastre lleva tu nombre.

Obsesión encarnada, eres mi despertar.

Un juego bastó para dejarme sin aliento, un roce para necesitarte, una mirada para perderme y un beso para enloquecerme.

Mi obsesión que no cesa... ¿cómo dejo que seas tú quien me consume?

Mi refugio

No solo fue pasión, también fue mi hogar.

Solo necesitaba que me dijeras que todo estaría bien cuando todo iba mal.

Lo que fuimos

Fuimos dos intentos fallidos de arreglarse con piezas rotas. Dos conexiones imperfectas que quisieron reconstruirse sin planos ni promesas.

Nunca supe quién sangraba más, quién corría más rápido del dolor. Solo sé que ambos fuimos expertos en escondernos.

Hoy me arrepiento de haber dejado mi alma abierta como puerta sin cerrojo, pero no me pesa haberte dado lo que necesitabas.

Éramos indescifrables y quizás por eso nos atrapó el misterio más que el amor. Como un laberinto sin centro, una historia sin título, una llama que se extinguió.

Ancla

Todo el mundo merece a alguien que lo impulse, no que lo retenga. Que lo abrace sin cortar sus alas, que lo anime sin imponer cadenas.

Ancla II. Freno

Como el freno de un coche, como el ancla de un barco, así se siente a veces una relación: algo que detiene, que impide volar cuando lo que soñabas era despegar.

A veces me ahogo sin siquiera emitir palabra, con unas manos invisibles en mi cuello y una presión helada en el pecho.

No hay prisión más silenciosa que sentirse atrapada en un laberinto sin salida, alimentada por pequeñas dosis de serotonina que te confunden entre placer y castigo.

Una jaula que ni siquiera brilla, donde fui yo quien cerró la puerta sin saber cómo acabaría.

Necesitando huir sin saberlo, sin decirlo, ahogada en oxígeno, quedándome sin aliento.

Lo que parecía un viaje prometedor se convirtió en mi tortura. No sé qué karma estaré pagando, ni si lo merezco... pero lo que sí sé es que aún sigo sin aliento.

Asfixie

A veces, cuando quieres demasiado, estrechas con tanta fuerza que sin darte cuenta asfixias.

Como cuando, de niña, sostenías un pajarito débil, y solo querías abrazarlo. Pero te regañaban. No entendías por qué.

Ahora tampoco lo entiendes... O quizás sí.

Porque solo querías amar. Que te amaran. Pero nunca preguntaste cómo querían ser amados.

Hoy lo ves más claro: el amor, si no respeta el aire, también puede matar.

Atascados

Es curioso cómo después de tantos recuerdos dulces termino descartando lo bueno.

Hoy me preguntan por ti, y en lugar de evocar el amor que te di, mi mente vuela hacia aquel mismo sueño: corro sin moverme, parece que avanzo pero no sigo. Esa angustia y desvelo es lo único que siento. Como metáfora perfecta de lo sucedido, no me aferro a lo vivido, sino a lo perdido.

¿Queríamos seguir?... ¿De verdad lo queríamos? Ninguno corría. Solo estábamos ahí, mirándonos sin mirar, imaginando lo que podría ser sin tener ganas de verlo.

Yo te quería, o al menos eso creía. Tú lo decías, o al menos eso parecía.

Sin intención de avanzar, estancados sin remedio, empezamos a vivir en soledad, mientras estábamos en compañía.

Ruptura

Es curioso que, cuando terminamos la relación, los dos lloramos y nos pedimos disculpas por los errores cometidos.

A veces, solo se necesita tiempo para aceptar los sentimientos... pero yo ya lo sabía: no era amor. Sabía que el amor se afirma, no se cuestiona. Ni tú ni yo lo dijimos de verdad. Porque lo nuestro no era un «te quiero» —quizás costumbre, quizás miedo—.

Al día siguiente, el espejo me devolvió algo nuevo: una mujer intacta, una libertad que no sabía que deseaba. Era extraño. No hubo llanto. Solo aire. Y sin cadenas, aunque tú nunca fuiste cárcel.

Nunca fuiste tóxico, ni cruel, ni herida. Y, aun así, la paz llegó contigo lejos.

Han pasado los meses, y sigue la pregunta suspendida en el pecho: ¿por qué respiro mejor sin ti?

Ruptura II. Cárcel

A riesgo de parecer fría, o una mujer sin corazón, hoy me atrevo a decirlo: una relación que termina en alivio es una cárcel sin visión.

Porque hay prisiones que no tienen barrotes, pero sí silencios. Hay cadenas que no aprietan la piel, pero sí el alma. Y hay amores que no hieren, pero sí te apagan.

Yo fui mi propia celadora, por miedo, por costumbre, por creer que querer era aguantar. Pero hoy... —hoy me libero—. Hoy lo nombro. Hoy me perdono por no irme antes.

Ruptura III. Cambios

Dicen que conoces a alguien cuando arde el momento. No hablo de deseo —hablo de emociones al rojo vivo—. Un enfado, una ruptura... y entonces aparece quien realmente es.

No entiendo cómo se cambia tanto de la noche a la mañana, o quizás siempre fue así y la que cambió fui yo.

Lo peor no es perder a alguien, es aferrarse a lo que nunca fue del todo. Te muestran migajas, te dan dosis medidas de lo que podrían ser. Te enseñan lo que podrías tener sin tenerlo. Lo que deseas sin que lo nombren.

Pero no. No es así. Ni quiere serlo.

Así que quítate la venda porque no quieres verlo, realmente no merece la pena tanto lamento.

Navidad

Y hoy, a pocos días del 24 y del 31, mientras escojo vestido me sorprendo pensando en ti.

En cómo serían estas fiestas contigo... Y me doy cuenta de que serían exactamente igual. Igual de solas. Igual de vacías. Porque tú no estarías. Nunca estuviste.

Quizás habría un mensaje, uno de esos que llegan a las 00:00 del 31, con un «Feliz año» que yo hubiese guardado. Y, aun así, me habría conformado. Habría sonreído como si eso bastara.

Qué alivio no llegar al 24, ni esperar un brindis que nunca iba a pasar. Qué suerte no tener que fingir sonrisas ni contar planes vacíos entre luces ajenas.

Hoy me pongo el vestido sin importar el qué dirán. Hoy no espero tu mensaje a las 00:00. Hoy no hay promesas vacías, pero hay paz.

Porque por fin entendí que yo me merecía más.

Treinta y uno

Nuevas promesas, nuevos planes, nuevo año.

Cerramos por lo alto, olvidando el pasado —o al menos intentándolo—.

Miramos al frente, hacia un futuro que promete y nos invita a florecer.

Y mientras la fiesta se enciende, abrazo el presente, porque tengo a quién amar y con quién compartir esta alegría que no cabe en palabras.

Gracias a vosotros, hermanos, mamá y papá... porque mientras estén cerca nunca me faltará na.

Os amo. Sin fecha de caducidad.

Recuerdo y recaídas

No todo lo que vuelve es retroceso. A veces recordar no es caer, es entender. Aceptar que hubo días en que dolía más, y aun así decidimos seguir.

Las recaídas no son rendición. Son pausas del alma para respirar con cicatrices y mirar al pasado sin miedo.

Hoy no me culpo por temblar, ni por extrañar lo que un día me hizo daño. Porque ese temblor también es fuerza. Porque extrañar no es querer volver, es haber amado con todo lo que se tenía.

Y si vuelvo a llorar, no es por no haber sanado... es porque para sanar también se necesita sentir.

Reencuentro

—¿Cómo estás? —preguntó él, con la voz temblando como si aún se acordara del daño.

—Bien —respondió ella, con la firmeza aprendida de tanto romperse.

Hubo un silencio. Uno de esos que no necesitan palabras, porque la historia ya fue escrita en los gestos.

—Mentir está mal, y tú lo odiabas... —susurró él, con nostalgia.

—Fingir que te importa también —disparó ella, con rencor guardado en los huesos, como una herida sin bala.

Sueños

Teníamos tantos planes para amarnos que se nos olvidó preguntarnos.

Algo mágico

¿Habéis oído hablar de la magia? Yo sí. Pero no me refiero a los trucos que engañan a los sentidos... aunque, a veces, se parece.

No me refiero a la de los ilusionistas, sino a la que nos roza el alma sin aviso, la que nos transforma, como un relámpago tierno en plena tormenta.

Hablo de la magia de enamorarse. De esa chispa inexplicable que revuelve el alma, que transforma lo cotidiano en sublime, como un temblor que se cuela en la piel.

Pero qué pena. Más tarde descubrí que no fue así. Fue un destello sin chispa, una promesa sin fuego.

Todo ocurrió demasiado rápido, tanto que ni tiempo tuvo de ser mágico.

Yo creía que era sentir, yo pensaba que era vivir... pero hoy lo sé: lo que parecía amor fue solo una ilusión fugaz vestida de esperanza.

Desde entonces me pregunto: ¿es amor... o un truco? Para no volver a caer en tu labia.

Aferrarse

A veces no queremos ver que esa persona ya no nos quiere. Nos resistimos a aceptar que los sentimientos se van.

Y duele. Joder, si duele.

Te arrancan el privilegio de tener a alguien que te apoye, te abrace sin pedirlo, te consienta, alguien con quien discutir, con quien construir instantes hermosos, con quien vivir y disfrutar...

Por eso nos aferramos... Nos aferramos al amor que fue, a lo que ya no es, sin ver que ya nunca será.

Aferrarse II. Lo que nos perdemos

La brisa del aire fresco. El tacto nuevo de una playa desconocida, mientras el oleaje susurra paz.

Saltar hacia el horizonte, respirar aire puro, oler el dulce néctar de las abejas.

Probar lo inesperado, con esa adrenalina que despierta la piel.

Volver a mirar a alguien a los ojos, desear sus labios como si fueran promesa, sentir las mariposas revolotear... solo por verlo.

Eso es lo que nos perdemos si no dejamos de pensar. Si no dejamos de aferrarnos a quien solo causa dolor.

Hay que soltar los recuerdos que no nos dejan avanzar, para volver a sentir y conectar.

Pensamientos

¿Si dejo de pensar, dejo de existir? ¿Si dejo de sentir, dejo de vivir?

El tiempo libre, alma de doble filo: cuando estamos bien, nos regala calma, compañía y reposo. Pero cuando estamos mal... cuando estamos mal se convierte en tortura.

Comenzamos a sobrepensar con el alma en vilo, a sentir pesares, a vivir mientras nos desbordamos.

Pienso, luego existo... pero... ¿y si dejo de hacerlo?

¿Y si logro liberarme de estos pensamientos? ¿Y si te borro de ellos? Si te aparto de esta tormenta mental, ¿dejo entonces de sentir?, ¿dejo de recordar?

¿Volveré entonces a vivir? O quizás, en ese vacío, dejaré de ser lo que fui.

Pensamientos II. 4 a. m.

Lo peor que puede pasar es que sean las cuatro de la mañana y no podamos detener el pensamiento.

Pensamos en lo que pudo haber sido, en el dolor que nos habríamos ahorrado solo con cambiar una acción, una palabra, un gesto, etc.

Y es que los recuerdos son traicioneros, arma de doble filo: te muestran la luz de quien te hizo feliz y te clavan la sombra de aquello que no volverá.

Entonces lo admites: extrañas a quien nunca oyó suficientes «te quiero». A quien, quizás, nunca supo cuánto dolía su ausencia.

La vida sigue —cada uno como puede, con la sonrisa fingida, con el disfraz de estabilidad—.

Pero todos, absolutamente todos, somos atacados por los recuerdos, ya sea a las cuatro de la mañana tras desvelarnos con el alma revuelta, o después de dos botellas de ron cuando el bajón nos desnuda.

En esos instantes, todo lo que nos quebró se asoma sin permiso, todo lo que extrañamos llora con nosotros por todo lo que fuimos.

Recaída

Dicen que las adicciones son complejas, pero salir de ellas... lo es aún más.

Las recaídas son «normales», lo dicen todos. Pero dime: ¿cuántas tuyas debemos volver a sostener sin rompernos?

Porque cada caída tuya es también nuestra. Porque volver a empezar no es lo mismo que volver a arrastrarnos contigo.

Recaída II. Inocente

Pensaba que todo había terminado, que las discusiones habían cesado.

Pero cuán inocente volví a ser. Creí en tus palabras, en tus promesas susurradas bajo la luna, en tus ojos cansados que decían: esta vez sí.

Volví a creer... como quien se lanza al mar pensando que no habrá olas. Como quien ama esperando no arder.

Y entonces caíste. Y me arrastraste contigo. Y de nuevo fui la espectadora de tu tormenta.

Esta vez no lloré. Esta vez entendí que la recaída no era tuya solamente... era también mía, por volver a creer.

Recaída III. Adicta

Dicen que la piel es adicta a la tinta, y el alma... a las heridas.

Quien hiere a veces goza. Quien sufre a veces se aferra.

Yo, hoy, me declaro adicta a escribir. Porque me gusta mirar la herida, echarle sal y no esconderla.

Porque aunque no cure, la nombro, la confronto y no me arrodillo ante ella.

Pero tú, tú no eres mi verso, ni mi tinta, ni mi redención.

Volver a tu tormento sería una recaída sin retorno, una cárcel con barrotes invisibles que ya no tolero.

Si fui libre por soltarte, ¿por qué habría de encadenarme? Lo siento, pero no me dejas opción.

Hoy soy yo. No aquella que temblaba contigo, sino la que grita por su propio beneficio.

Porque si no me curo yo, nadie lo hará. Y tú no fuiste mi herida... pero tampoco mi tirita. Así que no vuelvas. Ya no sirves ni pa consolar.

El verdadero amor

Hay vínculos que no se escriben con tinta, sino con lágrimas, carcajadas y silencios compartidos. Esta sección es una ofrenda a ellos: a mi niño que crece entre cambios y dulzura, a mis luces humanas que me acompañan incluso cuando todo oscurece.

Son textos que no piden comprensión ni análisis literario. Solo quieren ser leídos con el corazón abierto.

Aquí, cada palabra es un abrazo. Aquí, cada línea es un reflejo del amor que me sostiene.

Cartas para amar. Mamá

Adoro a la mujer fuerte que me crio. La que siguió adelante pese a las adversidades. La que decidió amarme, aunque eso a veces le costara su propia vida.

Adoro a la mujer que me inspiró a encontrar mi mejor versión. La que me ayudó a levantarme, aunque sus caídas siempre fueran peores.

Adoro a la mujer que habita mi corazón y mi alma. La mujer guerrera que llevas dentro, mamá.

Por todo ello, hoy no solo te digo *te quiero*, sino que también te digo... *lo siento.*

Por no haber visto tus batallas cuando las librabas en silencio. Por no haber entendido tus heridas cuando yo apenas sanaba las mías.

Pero también *gracias*. Porque sin ti, hoy no viviría.

Cartas para amar II. Mi felicidad es gracias a ti

Hay personas que son luz, y otras... que son paz. Yo tuve la fortuna de cruzarme con alguien que me regala ambas.

Solo basta tu sonrisa, tu anhelo, para que mi corazón no quepa en el pecho. Solo basta un abrazo tuyo para olvidar que me derrumbo. Solo basta verte para que me sienta completa.

No hablo de una pareja. Tú sabes quién eres solo con leer el título de este poema.

Gracias por ser mi razón y mi guía, pues sin ti no sabría qué hacer.

Hoy te dedico parte de mi libro, para que sepas que te necesito. Me alegra haberte ayudado a cumplir uno de tus sueños, igual que me alegro de estar a tu lado.

Haría lo que fuera por ti, aunque me lo impida el universo. Con solo verte reír, tengo el corazoncito lleno.

Porque te quiero.

Cartas para amar III. Mapache gruñón

Curioso nombre, lo sé. ¿Nunca habéis tenido un adolescente gruñendo entre cambios de humor y la revolución de la testosterona? Quizás así entendáis mejor el por qué.

Yo tengo la suerte de verte crecer entre rabietas, risas escondidas y pasos titubeantes. Tengo la suerte de ayudarte y ser tu acompañante. Tengo la suerte de tenerte en mi vida, vida mía.

Te miro y no importa el berrinche, ni el capricho pasajero. Solo veo lo bello: un alma noble, una luz suave que no se apaga, aunque el mundo se vista de sombras.

Quizás yo no sea la mejor ni la más sabia, pero seré abrigo, seré faro, seré la mano que te levanta.

No cambies, vida mía. Ni por las heridas, ni por las dudas, ni por el tiempo.

Eres el pequeño, el favorito, el niño de mis ojitos.

Porque nunca se olvida al amor que late. Porque nunca se abandona a quien nos quiso.

Cartas para amar IV. Rey

¿Cómo no iba a escribirte a ti, después del protagonismo que ya te di?

Mi querido rey de hielo, que si no te escribo... me muero.

El amor es raro, confuso, discernido. Y aunque sé que no leerás esto, aquí estoy, escribiéndote como si pudieras sentirlo.

Siempre has estado, aunque nunca me enseñaste a confiar. Pensaste en mí, lo sé, pero el trabajo siempre fue primero.

Siempre fue tu trabajo, tu historia, tus logros. Yo aprendí a callar para que tú hablaras. Aprendí a admirarte... aunque me apagara.

Pagaste mi futuro, y lo agradezco... pero yo no quiero un cajero, quiero un hombre al que pueda decirle «te quiero».

No sé cómo soltarte, ni quiero hacerlo. Pero tampoco sé cómo seguir bailando en este vals de ausencias disfrazadas de presencia.

No sé cómo soltarte, ni quiero hacerlo. Te doy mil oportunidades, esperando tus «te quiero» como quien espera la primavera en medio del hielo.

No quiero dinero. No quiero que me des lecciones. No quiero que sigas demostrándome lo dura que puede ser la vida. No quiero tus halagos ni tus insultos de pacotilla.

Solo quiero a ese papi que una vez me alzó al cielo y me hizo creer que el amor era eterno.

Mi otra mitad

Descubrí que el verdadero amor no vive en promesas rotas ni en palabras huecas.

No es el que se grita cuando hay rabia, ni el que se esconde cuando hay miedo.

El verdadero amor no tiene forma. No necesita nombre ni testigos. Porque no se impone. Porque no exige. Porque no duele.

Hoy sé que el amor verdadero no es lo que siempre me dieron. Es lo que aprendí a dar después de encontrarme.

Amar es cuidar sin poseer, sentir sin perderse, acompañar sin encadenar.

Tú

Tú llegaste a tocarme el alma desnuda y de eso no cualquiera tiene el placer.

Llegaste sin pedir permiso, y tocaste el corazón que ni yo conocía.

Desnudaste mi herida sin causar dolor. Te quedaste justo donde la mayoría se iba.

No cualquiera tiene el placer de tocar lo invisible, de escuchar los silencios, de sentir sin exigir.

Fuiste luz en mi invierno, fuiste calma en mi temblor.

Así que hoy te aseguro que siempre te daré mi amor.

Ansiedad por amor

Espero algún día apaciguar este torbellino que no es ternura, sino naufragio en mi estómago. Este revoloteo que, lejos de hacerme volar, me encierra en un vómito de ansiedad disfrazada de amor.

Dicen que con el tiempo se calma... pero estas mariposas tienen garras. No me dejan dormir, ni comer, ni fingir normalidad.

Dicen que es porque me importas. Y, joder, eso lo hace peor. Porque si importar es temblar, si amar es estar al borde del abismo, entonces estamos bailando sobre un precipicio.

Jamás había sentido algo tan grande, tan denso, tan desbordado. Así que ya lo sé: cuando te vayas, la caída será feroz, y el dolor, profundo.

Por eso te ruego —o me ruego— que alguien me salve del juego.

Negación

Ya no sé. Ya no sé cómo decirte que cada caricia tuya es un recuerdo que más tarde... me matará.

Ya no sé cómo tenerte cerca sin que duela, sin que este miedo me devore desde adentro.

Porque tengo miedo. A tu partida. A mi espera. A este amor que ya no sé si vive o si solo arde.

Y así me quedo: sentada en la cama, oliendo tu perfume en la almohada, viendo tus cartas, esperando cada mañana... hasta que dejes de volver.

Mis miedos siempre lo supieron: que te irías sin aviso, sin razón, sin despedida.

Sigo aquí. Esperando que abras la puerta y me digas que todo fue una pesadilla. Que no te has ido. Que no fallaste. Que tu mundo ya no gira.

Porque te necesito. Porque eres un pedacito de lo que aún me mantiene viva.

Ya no sé cómo seguir sin ti. Ya no sé cómo estoy. Solo sé que el olvido me espera y que si vuelves cuando por fin te haya olvidado... me abrirás la herida.

Yo ya no estoy dispuesta a sangrar porque la vida ya lo hizo.

No sé si será mi culpa, no sé si será la tuya, no sé si será la luna... pero ahora camino con mis miedos de la mano y con tu sonrisa a mi lado esperando el momento desafortunado.

Dudas

Empiezan las dudas porque no sé si merece la pena el sufrimiento que está por llegar.

Conflictos

¿Por qué cuando mi mente dice «no» mi corazón se acelera sin razón? Como si el peligro fuera tentación, como si el abismo pidiera conexión.

Entre dos fuerzas

Cuando el juicio se viste de precaución, mi alma suspira por la emoción. Razonar no siempre gana la guerra, porque el amor habita donde el miedo aterra.

Dudas II. Monstruos que intentan amar

A veces dudo. Sí, dudo. Dudo de nuestro amor. No te sientas mal, no es por ti. Soy yo.

Soy yo, porque siempre me han fallado, hasta quien más amaba. ¿Cómo confiar en la gente cuando el alma está helada?

Somos monstruos que intentan amar, y en el intento nos desgarramos.

Perdón si te hago daño, no es mi intención. Pero alguien tan roto por dentro debería encontrarse antes de entregarse.

Lo peor, ¿sabes qué es? Que no puedo imaginarme sin ti. Sin tus mensajes, tus tonterías, sin tus «te odio» que esconden un «no te puedo amar más».

Llámame egoísta, pero te quiero conmigo. No te puedo dejar. Te prometí que siempre estaría y nunca te mentiría.

Yo cumplo mis promesas, aunque parezca una diablesa. Quizás un pequeño monstruo florezca en mí, porque al fin recreamos lo vivido. Por eso hoy te pido perdón, ya que no es tu merecido.

Mis palabras hieren como a mí me hirieron. Sin embargo, tengo el coraje de decirte cuánto te quiero.

Perdóname. Yo no soy así. Es lo que me hicieron. Espero que entiendas que no es lo que quiero.

Soy un monstruo ingenuo que aprendió a dejar de sentir para no herir... Pero desde que apareciste comencé a vivir.

Como si el miedo se multiplicara, como si los sueños se alcanzaran, como si la euforia dominara.

Hoy me planto aquí y digo basta. Adiós dudas, adiós encrucijadas. Porque tengo claro lo que siento, sin importar lo que me hicieron.

Conexiones

¿Crees tú en las almas gemelas, esas que el universo entrelaza sin tregua? Yo pensaba que sería una amiga, una que comparta risas, vida y heridas.

Pero hoy sé que ninguna amistad, por fuerte que parezca, sobrevive intacta al desgaste que el tiempo deja. Ni siquiera ese amor eterno que juran los cuentos. Nada es para siempre... salvo los momentos.

Pero sí creo en las conexiones, esas que iluminan sin dar explicaciones. Conectamos, fluimos, nos elegimos por instinto, hasta que crecer nos cambia el ritmo.

No tienen por qué durar para siempre, pues las personas crecemos constantemente. Sí, creo en lo que se siente, en conexiones que arden de repente. Fluimos, nos elegimos sin razón, hasta que crecer rompió la canción.

No tienen que durar, no tienen que doler, las almas cambian, lo debes entender. Llámalo vibración, destino o intuición, pero tú y yo... fuimos y seremos pura conexión.

Agradecida

Le doy gracias a la vida por haberte puesto en mi camino. Aunque no hay rosa sin espinas ni amor sin heridas, aunque a veces sigue doliendo, ahora sé que el dolor es parte del proceso. Porque somos personas con sentimientos.

Gracias por el amor sano, por el amor real que hoy por fin aprendí a experimentar. Gracias a ti por no huir cuando ni yo misma quería estar. Gracias por entender que mis sentimientos solo los dejo en el papel.

Parece que no, pero hablar de ello duele un montón. Por eso sigo mi camino rezando por encontrar mi destino. Aunque no fuimos los primeros, te aseguro que será eterno.

Porque hoy puedo gritar a los cuatro vientos que te amo, sin pedirte nada a cambio. Porque hoy puedo poner la mano en el fuego y decir que siempre lucharemos.

No sé qué pasará, y ya no me da miedo. Aunque, como ya dije, a veces vienen los malos recuerdos. Sin embargo, tú ahuyentas mis dudas con un cariño duradero, pese a ser fría como el hielo.

Yo el ying, tú el yang, dispuestos a amar. Ni tan iguales ni tan diferentes. Tú tienes mucho amor para dar, y yo, mucho amor por recibir.

Demandante de cariño, has conseguido sacar de mí algo único. Aunque a veces sigue sin ser suficiente, sigue en crecimiento.

Porque siempre te quise y siempre lo supe, aunque el autosabotaje era mi pasatiempo.

Hoy te doy las gracias por decirme «te quiero».

¿Qué le diría a mi yo del pasado?

Vive. Cada día. Cada instante. Aunque duela. Aunque no entiendas. Aunque tropieces.

Levántate. Porque eso es la vida: seguir sin saber qué viene, sin saber cuándo termina, pero sabiendo que el ahora es lo único real.

No te obsesiones con el futuro, no sabes si llegarás a él. No te encierres en el pasado, ya no puedes cambiarlo.

Siente. Ríe. Llora. Ama. Respira. ¡Joder, vive!

Porque el presente es el único regalo que no se puede envolver, pero sí abrazar.

Continuará

No es un adiós. Es solo una pausa entre versos, una respiración profunda antes del siguiente latido.

Porque cada palabra escrita fue una herida que aprendí a mirar, y cada silencio roto, una promesa de volver.

Gracias por leerme. Gracias por sostenerme. Gracias por dejarme ser fragmento y fuego.

Hasta pronto, porque siempre que pueda sentir, y por tanto vivir, volveré a escribir.

Agradecimientos

Quería dedicar este último espacio a quienes han sido mi sostén, mi impulso y mi refugio.

Gracias a mi familia, por el apoyo incondicional que me ha ofrecido siempre, incluso en los momentos en que ni yo sabía cómo seguir.

A mi hermana, por ser la luz que me guía en cada paso, incluso cuando el camino se nubla.

A mi hermano, por ser el ancla que me sostiene en cada tempestad, recordándome quién soy. A mi padre, por acompañarnos en cada locura con esa fe que solo él sabe tener.

Y, sobre todo, a mi madre, mi pilar, mi raíz. Sin ti, no sería quien soy. Gracias por enseñarme a ser fuerte.

A mi pareja, gracias por enseñarme lo que es amar desde la verdad, desde la calma y desde el fuego.

Y a ti, lector o lectora, gracias por abrir este libro y permitirte leer *fragmentos de mí*. Sin tu mirada, estas palabras no tendrían eco.

Gracias por acompañarme en este viaje. Esto tampoco sería posible sin ti.

Índice

Este libro se terminó de editar en Granada
en noviembre de 2025 por

Aliarediciones

www.aliarediciones.es
info@aliarediciones.es